La raíz del azahar

Agustín Córdoba García

Autor: Agustin Córdoba García

Edición: Cristina Medrano
ISBN: 978-84-128733-8-2
Depósito legal: BA-000339-2024
Primera edición, 2024
editorialcuatrohojas.com / info@editorialcuatrohojas.com

¿Cómo escribirte un poema

si todos mis versos

nacen de tus entrañas?

Prólogo

La poesía, toda ella, como cualquier clase de literatura (y arte en general), está conectada entre sí. Su lectura se convierte, si uno quiere, en una cadena infinita de lecturas donde cada eslabón, aparentemente idéntico a los demás, es diferente a cualquier otro.

Al leer *La raíz del azahar*, uno se da cuenta de que la poesía de Agustín nos lleva sin esfuerzo a infinidad de poemas con los que ha conectado a la hora de crear los suyos. Ya en el primero, de manera nada involuntaria, Agustín nos regala el eco de la Canción última de Miguel Hernández («Pintada, no vacía: / pintada está mi casa»). Este es solo un ejemplo del buen gusto de Agustín a la hora de forjar su cadena poética.

La raíz del azahar es un poemario que se compone de dos partes y un poema último a modo de epílogo. Dos voces, dos mundos unidos por la sangre, el tiempo y los recuerdos. Dos voces que (aunque puedan mirarse entre sí) observan la existencia con distintos sentidos. La otredad del espejo cuando los ojos miran hacia la memoria, que es lo único que ha sobrevivido a la deriva del tiempo.

Por otro lado, encontramos en *La raíz del azahar* no solo el perfume intrínseco de la flor y su fruto («Los claveles huelen a ti / junto a tu foto / que, callada, me acompaña»), sino también los aromas del hogar con los pliegues de una vejez que se refleja en quien habla («En silencio está la casa. / Voces de otro tiempo / desdoblan los surcos de la piel»). Hay en los poemas de Agustín una quietud gris, triste y desvestida de color que deja ecos de silencio derrotado al silencio y a la ausencia («Padre marchó dejando / un vacío en los labios / un silencio en la mirada / y / una despedida pendiente»). La muerte y el vacío insondable que deja siempre presentes entre estas hojas. Me vienen a la memoria unos versos de Luis Cernuda que venía a decirnos que «recordemos que algún día hemos de morir».

Aprendiendo la vida
dichosamente, como
la planta nueva aprende
en suelo amigo. Eco
que, a la doble distancia,
generoso hoy te vuelve,
en la leyenda, a tu origen.
Et in arcadia ego.

Alfredo Perán Pérez
Elche, junio de 2024

CON ÉL

Tú, a él, es tu voz

Pintada, no vacía:

pintada está mi casa

del color de las grandes

pasiones y desgracias.

Canción última
Miguel Hernández

Es tu casa, es tu piel, son tus ojos,

es tu raíz la que sostiene.

En silencio está la casa.

Voces de otro tiempo
desdoblan los surcos de la piel.

Desnudos los párpados
buscan el calor de los días
ausentes de soledad.

Silencio.

Es necesario amar,
pintada está mi casa.

Es necesario amar.

Deja que el oleaje
empape las mejillas
y
ve crecer el fruto
que brota en mis entrañas.

Observa cómo la savia
corre desde la raíz
hasta
el azahar,
el latido primero,
el llanto que ha de venir.

Deja que llegue el oleaje
porque
es necesario
para sentir
la raíz del azahar.

En la tierra que hoy piso.
Tienes que separar la bruma con las manos,
desdecir todos los futuros imposibles,
todas las sumas
que hicieron de nuestro ímpetu
el salado testimonio.

La tierra que hoy pisan.

Pálpito de nuestras entrañas
arando el cielo de lo incierto.
Huella,
reflejo mutuo
de sacrificada entrega.

No es más que otro camino,
la imagen
que alberga nuestro pasado
arraigado bajo la piel,

pero…

cuéntales otra vez
el cuento del carretero y la luna
ahora que aún es de noche,
ahora que tu voz
se va diluyendo en mi memoria
y
ya nada es igual.

Enséñales a montar en bicicleta
aunque se caigan
y
enhebres tu cabreo
al fondo del paladar.

No es más que una vereda
por la que hora camino
buscando el silencio de tus pasos,
los recuerdos corriendo
entre las huellas de tu mirada,
ese último beso
que no pude darte.

Otro futuro llegará,
el respirar frío de la mirada,
la voz vencida y sin rumbo.

En nuestras manos,
despierta la luz última de la tarde.

El tiempo nos ha sembrado
de arrugas y canas.

Ante nosotros, el fruto crece.

Son estas arrugas surcos de vida,
calma aplazada en batallas sin guerra.

Son surcos de vida
estas arrugas.

Nuestras arrugas se han enredado
hasta parecer un cuerpo solo,
hasta confundir a nuestras sombras,
hasta hacer del latido
un solo acorde.

Cuando el futuro nos levantaba muros,
juntos, excavamos túneles.

La luz desvanecida,
el crepúsculo del sonido.

Nada es como ayer,
la niebla aprieta con fuerza.

El invierno ha llegado
dejando la puerta abierta.

Tiritan las noches
que están por llegar.

Estoy sola y no sé por qué,

quisiera besar,

y no sé a quién.

Y no sé por qué
Gloria Fuertes

No dejes que ese otro silencio

desgarrado y frío apague la luz.

Estoy sola y no sé por qué.

Respiré la muerte
y
no lo sabía.

La tuve sentada a mi lado
y
no la vi.

Sentí
su voz ausente de ruido,
la calma,
la frialdad de lo real,
la sentí.

No era el momento.

Desbarato los colores del universo
hasta pulverizar las estrellas
y
que solo
la tuya
brille
apartando
el ruido que nos separa.

Ahora que en mi pecho habitas,
un frío recorre el cuerpo
quemando a su paso
tu ausencia
de voz
y
de piel.

Estoy sola...

        contigo,

en mí.

Espero el latido
en tu lado de la cama,
consciente
de que ya solo habita en mí.

Dejo que la niebla
cubra mis ojos.

En silencio te espero.

Los claveles huelen a ti.

Ya no podré despegar
el silencio de las flores
de la voz que desdice tu ausencia
en las cavernas de mis ojos.

Los claveles huelen a ti,
junto a la foto
que, callada, me acompaña.

Quiero subir al faro
y
gritarle tu nombre al mar
hasta que me quede muda,
hasta que el silencio te cuente
que guías mi vida en la ausencia.

Aún escucho
el golpe del asiento
contra el hierro del andador.

Me irritas
y,
en la penumbra,
veo tu cara de niño travieso
que se resiste a la victoria del frío.

No puedo permitirme el lujo
de dejarte ir
y
que ya todo sea invierno.

Que se cristalice la tierra
que tú y yo sembramos.

Que nuestros cuerpos
se sequen
con la sed del olvido.

No.

No puedo dejarte ir,
abandonarme a una realidad
de días huérfanos
y
que los ojos
tiriten de ausencia.

Es el silencio
que avanza
apartando
con las manos
la densa niebla.

Me siento en tu silla.
El silencio es tan denso
que un escalofrío
me llega a los pies.

Tus huellas están por toda la casa
como restos de un naufragio.

Me siento en tu silla,
aún sostienes mi mano.

Busco la voz
donde nace la memoria.

Abrazo la tormenta
despojada de piel y hueso.

Desnudo la desnudez
que deja tu ausencia
a sabiendas
de que mañana
volverá a amanecer.

YO,
A ELLA,
CON ELLA

———

Yo, moviendo mis manos suaves,

respiro profundo,

entonces
una rosa se clava en mi cuerpo.

Gimnasia
Shiro Murano

Una rosa se clava en mi cuerpo,

son mis ojos,

ahora, es mi mano la que acompaña.

Otra vez al suelo como fruta madura,
la perspectiva desde   allí
es el frío invierno
que hinca los colmillos
hasta fracturar el aliento de la consciencia.

Otra vez,
y
tú,
de sus ausencias habitante,

                              sigues ahí,

observando en silencio
desde esa fotografía
que ilumina la noche.

Padre marchó dejando
un vacío en los labios,
un silencio en la mirada
y
una despedida pendiente.
El último beso que le diste, Madre,
no parecía el último beso,
no parecía un adiós,
no parecía que la muerte
estuviera sentada esperando.
Ahora caminas
diluyendo las horas
en el tacto
que deja la memoria de la piel,
en el silencio de la mirada.
Hoy,
a ti, Madre, te sigue faltando
una despedida
y
te queda
un vacío en los labios.

Como un ritual:

las gafas
sobre la mesita de noche,

una pequeña fotografía
pegada con celo
bajo su lado
de la almohada,

el televisor, mudo a unos oídos
que mueren por escuchar.

Se desnuda la noche
con los acordes de lo vivido,
y
la ausencia de piel
espera bajo las sábanas.

No es lo que se pierde
cuando el latido vuela hacia la inmensidad.
Es
la palabra
que no ha rozado la boca
y
arraigada rasga el pecho.
Es
el aroma
de otra época
donde respirar
no desgarraba las horas.

Una fotografía en el mar,
aún vivía Padre.

Mis brazos te sostenían
como mil veces
lo hicieron los tuyos conmigo.

Me cuesta recordarte joven,
con el peso de nuestro mundo
cargado sobre tus hombros
y
esa sonrisa que curaba
la carne por dentro.

Ahora,
en tu boca
todavía quedan restos de su voz
y
la lluvia seca de tus ojos
lo echan de menos.

Me asomo a tu mirada
para ver el sol reflejado en el mar,
la calma de tu cuerpo
sostenida en mis brazos...
                    Aún vivía Padre.

Durante un instante,
aletea una sonrisa en tus ojos.
Un afluente de vida
corre cerca de las venas
ahora que los naranjos
preñan de azúcar sus frutos.

No hay futuro en la nostalgia,
pero el pasado fecunda
un devenir frío y viscoso
que late con fuerza
en unas arrugas
que son surcos de vida,
de tierra fértil,
que acogen la belleza imperfecta,
ahora... que fugaz aletea.

Me imagino el rastro
de tus pies doloridos
mientras besas
el silencio
de una fotografía.
Escucho una voz
en el fondo
de un pozo sin agua
que me mira desde las entrañas,
que se despoja del tiempo
con la naturalidad con la que
una madre desnuda a su hijo.
Me coges la mano con la piel marchita
y
veo el color de las palabras
que me han acompañado
a lo largo del camino,
y
veo…
      Te veo,
con los pies doloridos.

Hoy lo he visto en tus ojos,
y
mi corazón
ha vuelto al primer segundo
de tus entrañas.
Pasabas fotografías
con los pies fríos
de otro tiempo,
de otra vida,
y
en tus ojos
se desnudaba la raíz.

Guardabas monedas de dos euros
en una hucha de hojalata.

Guardabas un balneario dentro de una hucha
con la ilusión de restarle dolores a Padre.

Se le fue la vida,
ay,
se os fue,
y
tú
guardabas un tesoro.

Si cada vez que vengo me hablas,
Mar,
¿por qué te llevas
el color de su voz
hacia el horizonte?

.

La raíz arraiga en la aorta,
sus filamentos los encuentras
en el aullido que se diluye
por la espina dorsal
para llegar hasta las hojas,
aunque pronto llegue el invierno.

Te ves subida
en el tejado de la casa
observando la luz primera,
y,
ante ti,
ya todo es pasado.

No habrá miedo
ni lágrimas mudas
navegando por todo tu ser.

Quedará el brillo
de una vida entregada,
la voz dentro del vientre,
el amor en cada piedra del camino.

Cuando todo acabe,
volveré a la raíz del azahar
cogiendo tu mano.

La luz que en el pecho tiembla.

Yo he de ser quien siempre venga

a beber en tu mirada.

A mi madre
Manuel Gutiérrez Nájera

Cruzas el crepúsculo

y

me coges la mano

para calmar la sed que ahoga.

Llovía en blanco y negro
y
el invierno era menos frío,
más lejano.

El invierno ha llegado
sin hacer ruido,
agazapado en las sombras
de una luz fatigada y escasa.

La lluvia corre por la espalda
como los recuerdos por el nervio óptico.

Se descompone la soledad
en pequeños filamentos de raíz
para seguir nutriendo
—como una loba a sus cachorros—
la flor del azahar.

Hemos ido a comprar,
todo está más caro.

La fruta, la verdura…
han subido tanto…,
aunque eso,
realmente
ya poco importa.

Me das la mano y se curan
todos mis precipicios.

Seguimos caminando
y
me has cogido de la mano…
Sigo siendo un niño.

Ya hemos perdido la vergüenza

Te he visto desnuda
y
también sin ropa.

Has iluminado todos mis futuros
mucho antes del primer aliento
sobre tu cálido pecho.

No,
ya no hay fronteras
en el futuro in-cierto,
las hemos desnudado
y
hemos perdido la vergüenza.

Saberte perfecta
hasta en este tiempo de descuento
de imperfecto caos programado,
saberte perfecta
desde la luz
que me alumbraba en tu vientre.

Le ruegas al tiempo
que retroceda
hasta saber quién fuiste,
que te explique
el latido que esconde
cada arruga.

La gente se preocupa por ti.
Te da consejos,
decide,
te quiere,
pero rara vez se han puesto
el abrigo de la soledad
para encontrar
el destello
de quien en silencio espera.

Puede
que nunca haya terminado de nacer.

Puede
que muera sintiendo que soy
parte de la raíz
que da vida al azahar.
Puede
que nadie lo entienda
porque mi luz llegó contigo,
vida,
futuro…

Todo, fruto
de la raíz que sostiene.

Me llamas cuando ya salgo
por la puerta,
te miro y no puedo evitar
recordar a tu madre.

La luz que desprendes,
esa bonanza
aunque el mundo se derrumbe.
El dolor acallado y silencioso
que solo en las venas grita.

No puedo evitarlo…

Te miro.

El silencio
me trae olor a jazmín,
a luna
y
a frescor de la noche
bajo las estrellas.

A tus manos arropando
al niño miedoso
al que aún le asusta la gente
y
la realidad descarnada.

Ya solo encuentro estrellas
con olor a jazmín
cuando sonríes
y
te miro
ahí, al otro lado.

Me sigo agarrando a ti
para sentir calma
en todos mis precipicios,
y
tú…
desenvuelves las estaciones
con un niño sujetando tu mano.

Madre,
los dos sabemos de qué va esto de vivir,
aunque parezcamos espantapájaros
reutilizados en percheros.

El invierno ya deshoja
la belleza superflua
del azahar.

En el interior,
se mantiene firme la raíz.

Dices casa
y
se encienden las luces
de todas mis sombras.

El peso que envuelve mis miedos
se refugia en los parpados
que aprietan
como la niebla que se extiende
y
todo lo abraza sin preguntar.

Dices casa
y
agarro tu mano.

Me sorprende tu obstinación
por no soltar mi mano,
por sufrir en silencio
sintiéndome aún
en tu vientre.
Digo casa
y solo existen
el milagro de tus brazos,
digo casa y sigo siendo un niño.

Epílogo

Vivimos a mil estrellas
tú y yo,
y
teniendo en cuenta
que tu vida y la mía
podrían ser vida
si no nos separasen
ni tan siquiera un centímetro
tu pecho del mío,
si los abrazos
no fuesen
tinta sobre papel,
si mis labios
no llorasen
la ausencia de los tuyos
ahora
que tu cuerpo es estrella
y
mis brazos crecen inútiles
al no poder abrazarte.

Miro al cielo
y
me maldigo
por no estar a tu lado
y
vivir a mil estrellas.